टेढ़ा इश्क़

रचयिता

मोहित आनन्द

अंजुमन प्रकाशन

Title : Tedha Ishq
Author : Mohit Anand

Published By-
Anjuman Prakashan
942, Mutthiganj, Prayagraj, 211003
www.anjumanpublication.com
anjumanprakashan@gmail.com

Price in India: 250/-

Printed and bound in India.
First published by Anjuman Prakashan in 2025

Cover & Typeset by Anjuman Prakashan

ISBN : 978-81-19562-73-2

समर्पण

"टेढ़ा इश्क़" समर्पित है-

उन सभी अधूरे इश्क़ों के नाम,
जो कभी ख़त में भी पूरे न हो सके।

उन तमाम नज़रों के नाम,
जिनके एहसास कभी लबों तक नहीं पहुँच पाए।

उन खामोशियों के नाम,
जिसने पुकारा बहुत पर उसे कोई सुनने वाला न मिला।

और उस 'एक' के नाम,
जिसने मुझे इस लायक बनाया की मैं इस पुस्तक को लिखने में समर्थ हो सका।

"टेढ़ा इश्क़" समर्पित है – परम पिता परमेश्वर को, मेरे पूज्य गुरुजनों, परिजनों, मित्रजनों एवं समस्त सुधिजनों को, जिन्होंने मुझे इस पुस्तक को लिखने में प्रत्यक्ष या परोक्ष रूप से प्रेरित किया।

"जुर्म कुछ ऐसा इस नाचीज़ से करवा मौला
उसके आग़ोश की मुझे क़ैद-ए-बा-मशक़्क़त हो "

~ **मोहित आनन्द**

भूमिका

टेढ़ा इश्क़— क्योंकि हर प्रेम कहानी सीधी नहीं होती!

"टेढ़ा इश्क़" केवल एक पुस्तक नहीं, बल्कि उन अनकहे एहसासों की आवाज़ है, जो दिलों में तो गूंजते हैं, पर अक्सर लफ़्ज़ों में जगह नहीं पाते। यह उन प्रेम कहानियों का दस्तावेज़ है, जो सीधे रास्तों पर नहीं चल सकी —जो कहीं हँसी में, तो कहीं आंसुओं में चुपचाप ठिठक कर रह गयीं। "टेढ़ा इश्क़" वह नहीं जो किताबों में पढ़ाया गया या सभ्यताओं ने सिखाया, बल्कि वह अनुभव है जिसे ज़िंदगी ने ख़ुद गढ़ा, जिया, और अपनी शर्तों पर तोड़ा-मरोड़ा।

यह पुस्तक उनके लिए है, जो पहले कभी इश्क़ में मुस्कराए हैं, कभी उलझे हैं, और कभी टूटकर भी उसी इश्क़ में ख़ुद को फिर से जोड़े रखे हैं। इसमें वो भावनाएँ हैं जो हर गली, हर नुक्कड़, हर ख़मोश रात और हर बीते दिन की गवाही देती हैं। यह इश्क़ कभी मीठा है, कभी खारा, कभी आईने की तरह साफ़ है, तो कभी धुंध में छिपा हुआ।

"टेढ़ा इश्क़" आपको अपने भीतर के किसी भूले हुए कोने से मिलाएगा—शायद किसी बीते हुए से, किसी अधूरे ख़्वाब से, या किसी अधूरे सवाल से। अगर आपने कभी इश्क़ किया है, तो यह किताब आपके दिल की दास्तान लगेगी। अगर नहीं किया, तो शायद पढ़कर दिल कहे कि—"भाई इश्क़ किया भी जाय या न किया जाय?"

और अगर इश्क़ में आपने कभी कोई चोट खाई है, तो यकीन मानिए, यह पुस्तक कभी भावुक हो ज़ख़्मों पर मरहम रखेगी, तो कभी शरारत से उन्हीं ज़ख़्मों पर नमक भी छिड़केगी।

साभार आपका
मोहित आनन्द

अनुक्रमणिका

भाग 1
इश्क़ का आगाज़ - पहली नज़र,पहला ख़ुमार

भाग 2
अधूरा इश्क़ - बिखरी ख्वाहिशें, टूटे सपने

भाग 3

इश्क़ की कश्मकश - उलझनें और तकरार

भाग 4

इश्क़ की नोक - झोंक, रूठना मनाना

भाग 5

इश्क़ का मसख़रापन - हँसी, ठिठोली और तंज़

भाग 6

इश्क़ की बग़ावत और विद्रोह

भाग 7

इश्क़ से मोहभंग और तंज़

भाग 8

इश्क़ की विदाई सबक और आज़ादी

प्रार्थना

हे! शक्तिस्वरुपा जगदम्बा

हे! शक्तिस्वरुपा जगदम्बा, हे! हंसवाहिनी ब्रह्मप्रिया।
हे! वीणा वादिनी कल्याणी, हे! ज्ञानदायिनी पारंबा।।
हे! मधुर कंठ देने वाली, स्वर-ताल को लय करने वाली।
छंदों में सुर भरने वाली, अज्ञान तिमिर हरने वाली।।

नव-चेतन मन में बना रहे, प्रस्फुटित नयी जिज्ञासा हो।
अज्ञान तिमिर मिटते जायें, ज्योतिर्मय ज्ञान प्रकासा हो।।
विदुषी वाणी श्रुत देवी माँ,पथ मेरा नित्य प्रशस्त करो।
जन-जन का सम्यक मन होवे, गुण-ऐसे श्रेष्ठ प्रकट्य करो।।

पुस्तक वीणा धरने वाली, हे! श्वेत-वस्त्र रमने वाली।
हे! स्फटिक माल जपने वाली, संताप हरण करने वाली।।
सब दोष मिटा दो धरती से, शुचिता का नव फैले प्रकाश।
चैतन्य से भर दो ब्रह्मरंध्र, अज्ञान का कर दो सर्वनाश।।

मन की उद्वेलित लहरों पर, नीरवता का संधान धरो।
नवयुग की नूतन वीणा से, तुम नया राग नवगान भरो।।
भारत की सोई शक्ति में, तुम नई स्फूर्ति नव-प्राण भरो।
हे! मात तिहारी शरण पड़े, कल्याण करो कल्याण करो।।

भाग 1

इश्क़ का आगाज़
पहली नज़र पहला ख़ुमार

पहली नज़र का प्रेम

पहली नजर में ही, देखा उसे जब से है।
उसकी ही ओर मन, खिंचा चला जाता है।।
उसे देख कर ज़रा, पुलकित हो उठा हूँ।
और थोड़ा-थोड़ा मेरा, जी भी घबराता है।।
नजरें हटाना चाहूँ, तो भी नहीं हटती है।
बार-बार ध्यान, उसी ओर चला जाता है।।
मन को मनाऊँ, बात तो भी नहीं बनती है।
उसके सिवाय कुछ, नज़र न आता है।।

जान पहचान बिन, ऐसे बसी मन में कि।
लगता है मेल जोल बरसों पुराना है।।
धड़कन में वो मेरे, बस गई ऐसे-जैसे।
साँस-साँस सरगम, बजता तराना है।।
साम दाम दंड भेद, करना पड़ेगा जो भी।
एक मात्र लक्ष्य बस, उसी को पटाना है।।
एक बार ब्याह मेरा, उससे करा दे कोई।
फिर चाहे चला जाए भाड़ में ज़माना है।।

कितने इशारे करूँ, कितना रिझाऊँ पर।
मन की व्यथा को मेरे, समझ न पाई है।।
कभी लगता है कि वो, मंदबुध्धि है तो कभी।
लगता है, छलिया का वेश धर आई है।।
कितना बखान मान, झूठा गुणगान करुं।
भले बुरे बीच भेद, कर नहीं पाई है।।
व्यर्थ के प्रयास श्रम, युक्ति कर देख लिया।
लगता है उसे भूल, जाने में भलाई है।।

तू मेरी पूर्णता, मैं तेरा अधूरापन ..

तू कमल के पत्तों पर जमी हुई ओस,
मैं उसमें सराबोर सूरज की किरन।
तू मेरे यौवन की अदनी-सी चंचलता,
मैं तेरे बचपन का बेबाक अल्हड़पन।
तू गरमा-गरम चाय से निकलता धुआँ,
मैं अलाव की बुझी राख की छुअन।
तू मेरी पूर्णता, मैं तेरा अधूरापन
तू मेरी पूर्णता, मैं तेरा अधूरापन.....

तू सागर की एक-पर-एक उफनती लहर,
मैं तुझे हर बार रोकती किनारे की रेत।
तू पानी में तैरता पूरनमासी का चाँद,
मैं तेरे बिम्ब को संभाले जल का संतुलन।
तू तूफ़ान में घनघोर चमकती बिजली,
तो मैं तुझे रोकते बादलों की गर्जन।
तू मेरी पूर्णता, मैं तेरा अधूरापन
तू मेरी पूर्णता, मैं तेरा अधूरापन..

ये इश्क़ मोहब्बत है

ये इश्क़ मोहब्बत है, बस चार दिन का चक्कर।
जो फँस गया है इसमें, वो बन गया घनचक्कर।।

इक दिन वो मुझसे बोली, ज़रा पास में बिठाकर।
क्यूँ ताड़ते हो मुझको, यूँ नयन में बसा कर।।

ग़र चाहते हो मुझको, तुम जान से भी बढ़कर।
तो बंद करो मिलना, ऐसे यूँ छिप-छिपाकर।।

क्या है पता कि तुमको, महँगाई है चरम पर ?
क्या भाव चल रहा है, आलू, मटर, टमाटर ??

रानी बनाओगे तुम, मुझे महल में बिठाकर ?
खुद छत टिकी तुम्हारी, आवास योजना पर।

ये प्यार नहीं आसाँ, ज़रा देख कर समझकर।
बिगड़ी अगर जवानी, आ जाओगे सड़क पर।।

कर लो अभी समय है, कण्ट्रोल अपने तेवर।
फोकस करो ज़रा तुम, कक्षा के विषयों पर।।

यदि है तनिक भरोसा, तुम्हें अपने बाजुओं पर।
कुछ काम करो ऐसा, ले आओ धन कमाकर।।

मुझे चाहते हो पाना, तो सुन लो माई-डियर।
बनना पड़ेगा तुमको, अब स्वयं आत्मनिर्भर।।

ये इश्क़ मोहब्बत है, बस चार दिन का चक्कर।
जो फँस गया है इसमें, वो बन गया घनचक्कर।।

का चिरकुट!!

तुमका पहिले पास बुलाइन, का चिरकुट ?
संग-संग अपने खूब घुमाइन, का चिरकुट ?

चिकनी चुपड़ी बातन में तुम आइ गयो,
झाँसे में तुमका फँसवाइन, का चिरकुट ?

मोबाइल पर घंटों चैटिंग चलत रही,
टॉप-अप तुम्हई से करवाईन, का चिरकुट ??

आंटा तुम्हरा गील भवा तुम्हरा कंगाली मा,
रोटी अपनी सेंक लिहिन है, का चिरकुट ??

सुने थे तुमका बाबू-बाबू कहती थीं?
भइया-भइया कहै लगी हैं, का चिरकुट ??

पिज्जा बर्गर मोमो तुम्हऊँ खात रह्यौ
वेटर के संग भाग गयी है, का चिरकुट ??

आलसी आशिक़

देख तू जी को ना जलाया कर,
हो सके सामने आ जाया कर।

घोड़ियाँ बेच के मैं सोता हूँ,
ख़्वाब में आके ना जगाया कर।।

रूठ जाने से कहो क्या होगा ?
ख़ुद-ब-ख़ुद तू ही मान जाया कर।

इश्क़ में आंह भर ना आँसू भर,
मौकों को खोज मुस्कुराया कर।।

मैं बड़ा आलसी हूँ बचपन से,
हो सके तू मुझे घुमाया कर।

सिर्फ मेरे भरोसे मत रहना,
एकाध ढूंढ ले टहलाया कर।।

सात जन्मों की बात क्यूँ कीजे ?
एक में सात को फँसाया कर।

नैन तोरे सकुचाए

नैन तोरे सकुचाये सखी अरु,
केश करैंत से कोमल काले।
अधर प्रवाल समान सुरंग पे,
नासिका कोर तराश निखारे।।

गौर सुकोमल केसर रूप पे,
भृकुटि ललाट उभार तिहारे।
कानन कुंडल सोहे सो यूँ,
जस मंद समीर तरंग हिलावै।।

चाल तेरी गजगामिनि सो असि,
देखि छटा छवि देवन हारे।
कोटिक काम कराह उठे,
लखि सुन्दर लोल कपोल तिहारे।।

भाग 2

अधूरा इश्क़
बिखरी ख़्वाहिशें, टूटे सपने

अधूरा इश्क़ ....

शुरू हुआ है अभी ख़्वाब, ख़लल न डाल प्रिये।
तू मेरे रुबरू है, कुछ ना कर सवाल प्रिये।।

कई बरस से ना मिले हैं, ना मिली है ख़बर।
बस इसी बात का मुझको, बड़ा मलाल प्रिये।।

बहुत हैं तोड़ चुके दिल, चलो बस करते हैं।
मरम्मत के लिए कुछ तो, समय निकाल प्रिये।।

कि राह-ए-इश्क़ में हैं, पांव लड़खड़ाते मेरे।
बहुत हूँ बार गिरा, अबकी तू संभाल प्रिये।।

अधूरे ख़्वाब कई, अब तलक अधूरे हैं।
मुक़म्मल कर लें सभी, मचने दे बवाल प्रिये।।

याद आने लगी हो, दिल छलाँगें मार रहा।
मुंगेरी लाल के सपने, हसीं कमाल प्रिये।।

उसके जैसा कोई मिला ही नहीं

उसके जैसा मुझे कोई भी मिला ही नहीं,
मिलता भी कैसे ऐसा कोई था ही नहीं।

भला मजाल कि कोई बात ना सुने उसकी,
सच्चाई का जिसको दूर-दूर तक पता ही नहीं।।

ऐसा ख़ुदरंग है कि जिसके आगे सब बेरंग,
गिरगिटों में भी कोई रंग था बचा ही नहीं।

हेकड़ी इस कदर जल्लाद भी पानी मांगें,
चुड़ैल भूत क्या शैतान की औक़ात नहीं।।

मैंने परखा था उसे एक नहीं सौ-सौ बार,
कमीना उस सरीखा आज तक हुआ ही नहीं।।

उसके जैसा मुझे कोई भी मिला ही नहीं,
मिलता भी कैसे ऐसा कोई था ही नहीं।

नहीं बर्बाद करनी थी

हमारा साथ इतना था, हमारी बात इतनी थी,
अधूरी थी कहानी जो, वो पूरी साथ करनी थी।

तुम्हारे पास होने पर, गुणित महसूस करता था,
तुम्हारी धड़कनों की गर्जना, अनुभूत करनी थी।।

महज़ हिम्मत जुटाने में, लगा दी देर थी मैंने,
जो होनी थी बहुत पहले, शुरू वो बात करनी थी।

नज़र तुझसे मिलाने से, न जाने क्यूँ मैं डरता था,
घुमाये जा रहा जिसको, वो सीधी बात कहनी थी।।

मुसलसल ख़्वाब में सारे, तेरा किरदार तयशुद था,
तेरे होने की गर्माहट, मुझे महसूस करनी थी।

कहाँ किसको ख़बर थी, साथ इतना ही मयस्सर था,
के मोहलत जो मिली हमको, नहीं बर्बाद करनी थी।।

गुज़ारिश

गुज़ारिश है यूँ परेशान मत किया कीजिये,
छेड़खानी यूँ खुलेआम मत किया कीजिये।

इस गुलिस्ताँ में हमारा भी एक ओहदा है,
हमको यूँ बेवजह बदनाम मत किया कीजिये।।

कौन कहता है जवाँ दिल ही बस धड़कता है,
यूँ बुजुर्गों को परेशान मत किया कीजिये।

हैं जवाँ दिल तो जवाँ दिल को धड़कना चाहिए,
ऐसी बातों का यूँ ऐलान मत किया कीजिये।।

यार जो भी है मेरे सब के सब कमीने हैं,
उनकी बातों पर आप ध्यान मत दिया कीजिये।

हो गयी क्या ख़ता हमसे जो इतना गुस्सा हैं ?
ऐंठ देती हैं, मेरे कान मत किया कीजिये।।

हुस्न का रौब है जलवा भी है, जवानी है,
आशिकों का यूँ क़त्ल-ए-'आम मत किया कीजिये।

काहे टहला रहीं हैं छपरियों-छिछोरों को,
इन कमीनों का एहतराम मत किया कीजिये।।

'ZAROORI
NAHI
ISHQ HO

जरूरी नहीं इश्क़ हो

सिलसिला वस्ल का हर शाम-ओ-सहर जारी हो,
मुझको ही छोड़ उसकी सबसे पर्दादारी हो।
जो मुझे देख ले तो आँख फड़फड़ाने लगे,
हो ये सकता है उन्हें आँख की बिमारी हो।।
ज़रूरी नहीं इश्क़ हो !!!

सुने सभी की मगर मेरी बात तारी हो,
चाँद तारों से अधिक खोज मेरी जारी हो।
पढ़े उतना हि जितना मैं उसे पढ़ने को कहूँ,
हो ये सकता है कि मैं चश्मों का व्यापारी हूँ।।
ज़रूरी नहीं इश्क़ हो!!!

ना हो क़रार मुझे, उसको भी बेक़रारी हो,
सीने में दर्द उठे, हर साँस में चिंगारी हो।
तन-बदन तप रहा उसका भी और मेरा भी,
ये भी संभव है हमें, एक ही बीमारी हो।।
ज़रूरी नहीं इश्क़ हो !!!

LOVE

ये आँखें भी ना......

ये आँखें भी ना......... बस कमाल हैं,

कुछ ख़ामोशी............ कुछ सूनापन।
ठहराव!!!..... उसमें छुपे हजारो ख़्वाब,
ख़्वाहिशें हसरतें चाहतें..... और अरमान।।
बस ज़रा-सी नमी है.. पर डूबते जाइए,
इनकी चले ना !! तो सारे समंदर डुबो दें।

ये आँखें भी ना.......... बस कमाल हैं।

उत्कंठा, इच्छा, अभिलाषा........., प्रेम,
सबको एक साथ...... सराबोर किये हुए।
वात्सल्य, वासना, वैमनस्य, विद्रोह,
सब को अलग-अलग आकार दिए हुए।
सीधी दूर इनकी कनखियाँ भी बवाल हैं।।

ये आँखें भी ना......... बस कमाल हैं,

लाल हो तो अंगारों-सी लपट जायें।
नीली हो तो झील-सी तरावट लायें।।
बस ज़रा घूर दें ! तो भस्म ही कर दे।
और अगर उतरने पर आ जाएँ,
तो दिल चीर के आर-पार कर दें।।

ये आँखें भी ना........ बस कमाल हैं।

शर्म-ओ-हया लज्जा पर्दा सब इसी से।
सुनना देखना परखना-समझना,
और तो और रूठना मनाना भी इसी से।
ना चाकू, ना छूरी, ना खंजर ना वार हैं,
इनके आगे तो कटार भी बेकार है।

ये आँखें भी ना......... बस कमाल हैं।
ये आँखें भी ना......... बस कमाल हैं।

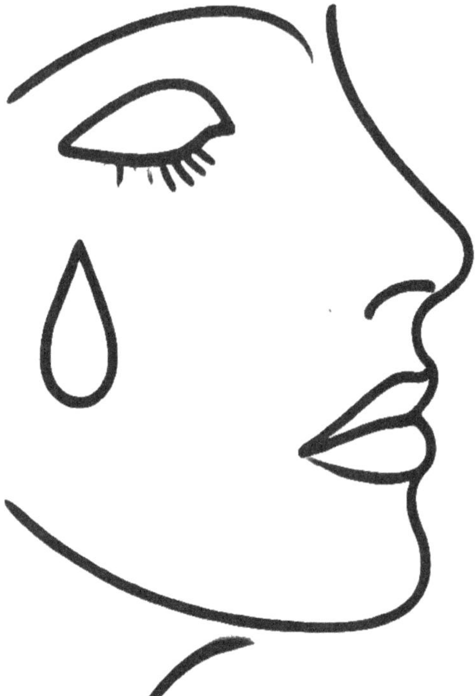

आँसू अनुशासित हो ......छलको

जब रात घनी अंधियारी हो, हर ओर बवंडर जारी हो।
आंधी तूफानों के तांडव, का खेल परस्पर जारी हो।।

तुम हाथ बढ़ा आलंबन बन, हर मुश्किल को आसाँ कर दो।
आँसू अनुशासित हो ....छलको।।

जब क़हर सृष्टि का जारी हो, फैली कोई महामारी हो।
कोई अपना छोड़ गया लश्कर, कहीं मरने की तैयारी हो।।

हो साथ खड़े विश्वास जगा, कैसा भी दुःख या अड़चन हो।
आँसू अनुशासित हो ....छलको।।

जब मन आकुल उद्वेलित हो, हर राह कठिन अवरोधित हो।
कोई अपना छोड़ गया पथ में, कोई धोका देकर ओझल हो।।

दशरथ माँझी सा बन करके, दो काट जो भारी पत्थर हो।
आँसू अनुशासित हो ....छलको।।

भाग 3

इश्क़ की कश्मकश
उलझनें और तकरार

मन का सर्किट

मन का अपने आज मैं, सर्किट बदलना चाहता हूँ।
सारे शिकवे छोड़ नव परिपथ में चलना चाहता हूँ।।

गलतियों गुस्ताख़ियों पर बस भला किसका चला है ?
ये बताओ परखने से क्या कभी रिश्ता बचा है ?
मन का मलबा खोद सब कुछ पलट देना चाहता हूँ।
अब सभी से खुले दिल से गले मिलना चाहता हूँ।।

मन का अपने आज मैं सर्किट बदलना चाहता हूँ।
सारे शिकवे छोड़ नव परिपथ में चलना चाहता हूँ।।

आपसी रिश्तों के सारे तार सड़ कर गल चुके हैं।
सबके सब इक-दूसरे को शार्ट सर्किट कर चुके हैं।।
फ्यूज़ बल्बों को पुनः मैं जगमगाना चाहता हूँ।
झालरों लड़ियों से सब कुछ फिर सजाना चाहता हूँ।।

मन का अपने आज मैं सर्किट बदलना चाहता हूँ।
सारे शिकवे छोड़ नव परिपथ में चलना चाहता हूँ।।

सरफ़रोशी की तमन्ना

सरफ़रोशी की तमन्ना, अब हमारे दिल में है।
देशभक्ति अपनी सारी मीडिया-सोशल में है।।

चिल किया करते हैं नेता, जनता सारे बिल भरे।
देश की सारी व्यवस्था स्वार्थ के चंगुल में है।।

ताल गड़ही और नदिया, पूल-स्विमिंग फेल सब।
जो नहाने का मज़ा भइ आज भी ट्यूबवेल में है।।

लेक्चरर टीचर से पढ़ने, का ज़माना लद गया।
दुनियाँ भर का ज्ञान सारा, आज-कल गूगल में है।।

दारू-ओ-रम वोडका और स्कॉच व्हिस्की में कहाँ ?
जो नशा उस महज़बीं की ठोडीयों के तिल में है।।

वक़्त आने पर तुझे क्या हम कहेंगे आसमाँ ?
हम तो ख़ुद कन्फ्यूज़ हैं, कि क्या हमारे दिल में है।।

सरफ़रोशी की तमन्ना अब हमारे दिल में है।
देशभक्ति अपनी सारी मीडिया-सोशल में है।।

मैं बेबस तुम स्वच्छंद

मैं काली रात अमावास, तुम चटक बसंती रंग।
मैं मायूसी हारों की, तुम बड़ी जीत का जश्न।।

मैं व्यथित युद्ध से पहले, तुम स्वयं एलान-ए-जंग।
मैं ठहरा नीर घड़े का, तुम झंकृत जल तरंग।।

मैं बेबस तुम स्वच्छंद ....

मैं कीचड़ की काई-सा, तुम गंगा की-सी निर्मल।
मैं बौराया भँवरा -सा, तुम स्पन्दित पुष्प कमल-दल।।

मैं कलुए काग-सा कर्कश, तुम मधुर-सुरीली कोयल।
नखशिख सुरभित करने को, तू पुष्प तो मैं मकरंद।।

मैं बेबस तुम स्वच्छंद ....

हाय रब्बा !!!

कॉलेज का वो पहला साल, हाय रब्बा !!!
शोणे-शोणे उसके गाल, हाय रब्बा !!!

सिगरेट, दारू, व्हिस्की में था नशा कहाँ ?
बला नशीली उसकी चाल, हाय रब्बा !!!

बिखरी चीज़ें भला किसी को भाती हैं ?
बिखरे-बिखरे उसके बाल, हाय रब्बा !!!

गुज़रे जब भी दिल में हलचल कर जाती।
सुलगी साँसे दिल बेहाल, हाय रब्बा !!!

भला सलीका कौन हमें सिखलाता ये ?
कैसे बोलें दिल का हाल ? हाय रब्बा !!!

मसअला होता एक कूद सौ जाते थे।
उसका मुद्दा प्रश्न सवाल, हाय रब्बा !!!

एक इशारा छप्पन दौड़े आते थे।
ऐसा था उसका भौकाल, हाय रब्बा !!!

हुई परीक्षा सेमेस्टर में बैक लगी।
पाँच विषय और पहला साल, हाय रब्बा !!!

रे निष्ठुर! क्या प्राण हरोगी ?

शशिखंड सदृश मुखमंडल से, मकराकृत सुन्दर कुंडल से।
चन्दन-सम सुरभित काया से, सम्मोहित करती माया से।।

कुमकुम आच्छादित भालों से, अनुरूप नाग सम बालों से।
प्रत्यंचा सदृश-सी भौहों से, वर्तुलाकार अधरोष्ठों से।।

क्या तीर चला कर नेत्रों से, मुझको निष्प्राण करोगी ?
रे निष्ठुर ! क्या प्राण हरोगी ?

अभिमंत्रित करते यौवन से, स्तम्भन मारण-मोहन से।
प्रस्फुटित क्षुधा कामाग्नि से, प्रज्वलित स्नेह की अग्नि से।।

रोमांचित करती काया से, विस्तारित ठगिनी माया से।
मधु मिश्रित मीठी वाणी से, मुझ सीधे-सादे प्राणी से।।

हाला पिलवा निज नैनों से, उन्मादित हृदय करोगी ?
रे निष्ठुर ! क्या प्राण हरोगी ?

अनुवादित उर की भाषा से, ढाढ़स संतोष दिलासा से।
अनुरंजित व्यर्थ प्रलापों से, अनुशासित क्रिया-कलापों से।।

द्रुतगामी स्पंदित श्वासों से, धक्-धक-सी होती आँहों से।
आतुर अभिलाषी बाहों से, आशान्वित तकती राहों से।।

उत्कंठित, उत्सुक आँखों से, मन अपना ना बदलोगी ?
रे निष्ठुर ! क्या प्राण हरोगी ?

उच्छृंखलित उर के भावों से, उत्पीड़ित मन के घावों से।
अविरल अश्रु की धारों से, उद्वेलित प्रणय पुकारों से।।

संवेदित संभृत संजोगों से, उद्वेलित मेल वियोगों से।
अनुदत्त-प्रदत्त संकेतों से, अप्रेषित पत्र संदेशों से।।

सब युक्ति जुगत प्रपंचों से, प्रयुक्त सभी हथकंडों से।
भी क्या तुम नहीं मिलोगी ?
रे निष्ठुर ! क्या प्राण हरोगी ?

अरुझाए मन के तारों से, कुंठा से जनित विकारों से।
घबराए से अल्फ़ाजों से, असमंजस के जज़्बातों से।।

उद्विग्न वाद-प्रतिवादों से, दुविधा से जनित विषादों से।
अलसाये सुन्दर स्वप्नों से, व्याकुल होते सब द्वंदों से।।

भी क्या तुम ना पिघलोगी ?
रे निष्ठुर ! क्या प्राण हरोगी ?

'TUMSE MATLAB

तुमसे मतलब !

बिना बात के बड़ा बखेड़ा, खड़ा करेंगे, तुमसे मतलब !
ठोंक-पीट कर छोटे तिल का, ताड़ करेंगे, तुमसे मतलब !

आँखें उसकी इक दरिया है, उतरा जो भी कहाँ बचा है ?
तैर के निकलूँ, नाव चलाऊँ, बाँध बनाऊँ, तुमसे मतलब !

देख के गहरी झील-सी आँखें,पाँव ज़रा-सा फिसल रहे हैं।
सोच समझ कर जानबूझ कर, डूब मरें हम, तुमसे मतलब !

चर्चा उसका कहाँ नहीं है,चाँद से लेकर चम्बल तक में।
चपल-चंचला, चन्द्रमुखी या दस्यु-सुंदरी, तुमसे मतलब !

पाँव हमारे बहक रहे हैं,ज़ुबाँ ज़रा लड़खड़ा रही है।
हाँ जी हमने पी रखी है, और पियेंगे, तुमसे मतलब !

शम्अ थी वो मैं परवाना, फिर भी जलना नहीं था मुझको।
जाने मुझसे लगी क्यूँ जलने, नहीं जलूँगा, तुमसे मतलब !

हमनें जिस पर किया भरोसा, उसी ने हमसे दग़ा किया है।
आज भी हमको लूट रही है, और लूटेंगे, तुमसे मतलब !

चाहे हमको आशिक़ समझो, चाहे तुम समझो दीवाना।
कईयों को दिल दे रखा है, और भी देंगे, तुमसे मतलब !

नसीहत

गुस्सा हैं ? तो गुस्सा थूकें, पान तम्बाकू थूको मत !
फूँक-फूँक कर क़दम बढ़ाओ, झाड़-फूँक में पड़ना मत !

जाम लगा है रस्ता बदलो, जाम चढ़ाकर निकलो मत !
बैठो तो दिल खोल के बैठो, बेफ़िज़ूल का बैठो मत !

चोर-बाज़ारी नैनों की हो, घर में चोरी करिओ मत !
मरना ही है देश पे मारिये, हाड़-माँस पर मारिये मत !

तीर जिगर के पार उतारो, उड़ते तीर से भिड़ना मत !
हँसना ही है खुल के हँसिये, किसी की हँसी उड़ाना मत !

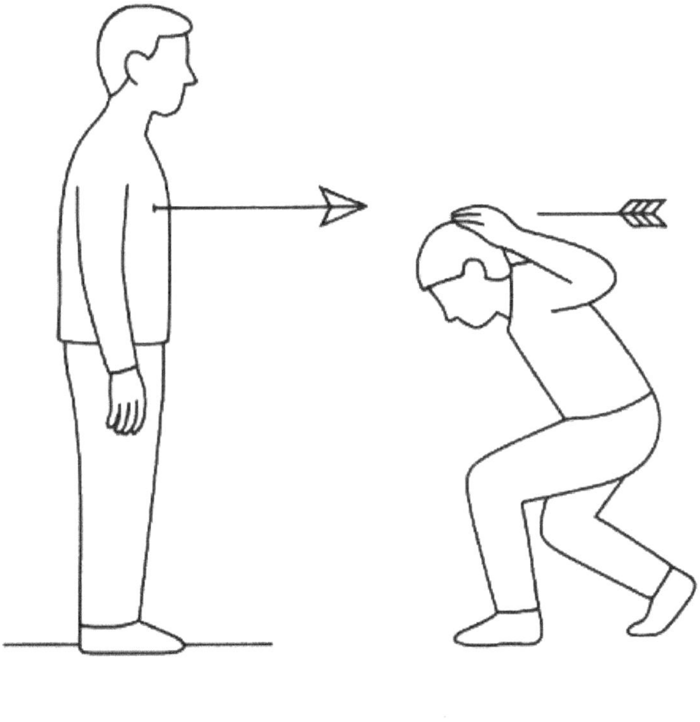

भाग 4

रूठना-मनाना
इश्क़ की नोक-झोंक

चलो उसको मना लो

द्रवित होते हृदय से, अश्रुपूरित नयन से।
कभी संवाद करके, परस्पर बात करके।।
तरल होने से रोको, नमी हाथों से पोछो।
जो अपने हैं उन्हीं का, हृदय दुखने से रोको।।

कभी आवेश तुमसे, ख़ता गर कुछ करा दे।
जो नहीं चाहते तुम, वही तुमसे करा दे।।
तनिक गुस्से को रोको, ज़रा पल भर को सोचो।
क्या वो मसला बड़ा था? या ग़ुस्सा सिर चढ़ा था?

तुम्हारे आचरण से, कोई अवसाद में है।
तेरी छोटी ख़ता से, कोई संताप में है।।
बताओ द्वन्द्व क्या है ? क्लेश का अंत क्या है ?
चित्त का ह्रास होना? ध्वस्त बरबाद होना ?

क्यूँ पचड़े में पड़े हो ? क्यूँ बातों पे अड़े हो ?
तनिक अनुताप कर लो, कि जाकर बात कर लो।
क्यूँ श्रापित हो रहे हो ? क्यूँ अपनों से लड़े हो ?
ये ग़ुस्सा थूंक डालो, चलो उसको मना लो।

तुमको थोड़ा सताना चाहता हूँ

तुमको थोड़ा सताना चाहता हूँ, इक दफ़ा दिल लगाना चाहता हूँ।
ख़्वाब में हो या हकीक़त में, तुझको सब से छुपाना चाहता हूँ।।

संग थोड़ी सी मय पिला करके, एक महफ़िल जमाना चाहता हूँ।
भूल जाओ जो भी ज़ेहन में है, तेरे संग बहक जाना चाहता हूँ।।

रोज़ ख्वाबों में तेरी आकर के, तुमसे मैं रूठ जाना चाहता हूँ।
चाँद तारों को ला सकूँ नाँ सही, संग उस पार जाना चाहता हूँ।।

इश्क़ औरों से हो मगर फिर भी, मैं तुम्हें याद आना चाहता हूँ।

बारिशें ना सही

बारिशें ना सही हम,
बूंद से सबर कर लें।

बे-रुख़ी से ही जो वो,
हम पे इक नज़र कर लें।।

बे-सबब आँख क्यूँ चुराते हैं ?
बेवजह बात क्यूँ बनाते है ?
बेख़बर हैं ये क्यूँ जताते हैं ?
बे-ग़रज़ बन के क्यूँ दिखाते हैं ?
बे-अदब ख़ुद हैं क्यूँ बताते हैं ?
बेमतलब बात क्यूँ बढ़ाते हैं ?

बेज़ुबाँ आँसुओं की ही सुन लें।
बे-साख़्ता हो कभी यूँ ही बह लें।।

बे-ज़िरह मसअलो को हल कर लें।
बेसबब फ़ासलों को कम कर लें।।

बे-वफ़ाई छोड़ कर सुलह कर लें।
बे-धड़क हो कभी गले मिल लें।।

बे-पनाह इश्क़ आप ही से करते हैं।
हाँ बे-नियाज़ी से ज़रा सा डरते हैं।।

बे-लगाम दिल कहीं ना हो जाये।
बे-हिसाब धड़कने ना बढ़ जाये।
बे-क़रारी पर लगाम कसते हैं।।

बे-असर हर सवाल करते हैं।
बेशुमार इश्क़ तो, आप भी कर सकते हैं।
बे-तकल्लुफ़ हो, ज़रा सा राब्ता बन सकते हैं।।

बे-दर्द इतने नहीं आप ये हम जानते हैं।
बा-ख़बर आपको हम गैर कहाँ मानते हैं।।

मैं अदाओं से उनकी छला जा रहा हूँ

मैं अदाओं से उसकी छला जा रहा हूँ।
भावनाओं को काबू किये जा रहा हूँ।।

मानता हूँ हाँ भाती हैं मुझको हसीनें।
फिर भी आतुर क्यूँ इतना हुए जा रहा हूँ।।

जानता हूँ कि मुझको दग़ा फिर से देगी।
प्रेम पाशों में फिर भी बंधे जा रहा हूँ।।

छल-कपट दंभ शठता है रग-रग में उसके।
निष्कपट उसको घोषित किये जा रहा हूँ।।

लोग कहते हैं धनवान है ख़ानदानी।
इश्क़ में लुटता-पिटता चला जा रहा हूँ।।

प्रेम सागर समझ डूब जाने चला था।
जाल में मछलियों-सा फँसा जा रहा हूँ।।

था जताना उसे कि.. वही बस नहीं है।
पर मैं असहाय बेबस हुए जा रहा हूँ।।

सन सैंतालिस में हमको मिली थी आज़ादी।
क्यूँ पराधीन फिर से हुए जा रहा हूँ।।

बण्डलों उसने बीड़ी जलाई जिगर से।
एक कश को मैं तरसे चला जा रहा हूँ।।

क़हर पर क़हर ढाए जाती हो

क़हर पर क़हर ढाए जाती हो, दिन में तारे मुझे दिखाती हो।
मुस्कुरा कर कभी झाँसा देकर, शिकार जाल में फँसाती हो।।

बिस्तर बिछवाने तक गनीमत थी, मुझसे हाथ पैर भी दबवाती हो।
हाथ घिस-घिस के कमर टूट गई, कपड़े इतने कहाँ से लाती हो।।

झाड़ू फेरूँ बनाऊँ खाना भी, जूठे बरतन भी तुम मंजवाती हो।
मूंग छाती पे दल रही हो तुम, कितनी सारी मटर छिलाती हो।।

उँगलियों पर कभी इशारों पर, बंदरों की तरह नचाती हो।
नाक में दम ही कर दिया तुमने, मायके भी कभी न जाती हो।।

हाल बेहाल हो गया मेरा, बैठ कर तुम हुकुम चलाती हो।
टाँग टूटी ही भले हो तुम्हारी, फिर भी हर बात में अड़ाती हो।।

चिमटे बेलन से कूटती क्यूँ हो ? आँख से घूर कर डराती हो।
भाइयों से कभी रक़ीबों से, धमकियाँ दे-दे कर पिटवाती हो।।

तुम कभी फुलझड़ी पटाखा थी, अब तो बमबाज़ नज़र आती हो।
टाइगर से मैं बन गया टॉमी, मन ही मन देख मुस्कुराती हो।।

रक्तपिपासु सी हो गयी हो तुम, ख़ून के अश्रु क्यूँ रुलाती हो।
रोना भी आए रो ना पाऊँ मैं, चढ़ के सीने पे गुदगुदाती हो।।

भाग 5

इश्क़ का मस्खरापन
हँसी, ठिठोली और तंज़

यार बातें बड़ा बनाती थी

यार !!!!!!!! बातें बड़ा बनाती थी।
छत पे कपड़े सुखाने आती थी।।

घुल-सी जाती थी चाँदनी में वो।
रौशनी में नशा.... मिलाती थी।।

बात औरों से जुदा थी उसकी।
आँख रह-रह के वो चुराती थी।।

चलाती तीर न तलवार
और न बमबाज़ी।।
बग़ैर ख़ून ही शिकार ढूँढ़ लाती थी।।

कनखियों से कभी इशारों से।
उँगलियों पे मुझे नचाती थी।।

उसकी आँखों में एक दरिया था।
धक्के दे कर मुझे डूबाती थी।।

था बड़ा दिल मगर था हाउसफुल।
फेफड़ों में भी एडजस्ट कराती थी।।

पड़ोसी ही सही

नहीं है तू अगर खाली, तो पड़ोसी ही सही।
है नहीं सादगी उसमें, तो फ़रेबी ही सही।।

नहीं बर्फी न हो चमचम, नही हो रसगुल्ला।
अगर कुछ भी नहीं तो यार जलेबी ही सही।।

कहीं दिख जाय कभी देख दो बातें कर लूँ।
न हो दीदार मयस्सर तो टकटकी ही सही।।

न तो मुस्कान चेहरे पर, न थी कोई रौनक।
खुश नहीं कर सको तो यार, गुदगुदी ही सही।।

उलझती ज़ुल्फ़ को सुलझाने में भटका हूँ बहुत।
नहीं है ज़ुल्फ़ नागन-सी तो परकटी ही सही।।

कभी कश्मीर, थाईलैंड, ना शिमला गया हूँ।
न कोई बीच, दरिया, ताल तो गढ़ही ही सही।।

गली मोहल्ला चौक-चौराहा ढूँढ़ आया।
बावफ़ा न सही तो बंटी की बबली ही सही।।

उसकी खातिर मैं सितारे भी तोड़ कर लाया।
हक़ीक़त न सही, मुंगेरी लाल की फैंटसी ही सही।।

बना लो तुम सनम दिलबर, बलम या दीवाना।
नहीं है राब्ता मुमकिन, तो फिर रंजिश ही सही।।

कभी जब डेट पर ले जाती थी

जब कभी डेट पर ले जाती थी, चार लौंडों को साथ लाती थी।
हर किसी को मुझे दिखा करके, "यही हैं वो" 'उन्हें बताती थी।।

यार चारों बड़े कमीने थे, संग-संग जाम भी लड़ाती थी।
खूब पिज्ज़े उड़ाये पाँचों ने, उसपे मोमोज़ भी मँगवाती थी।।

छोड़ आती थी वो बटुवा घर पे, बिल सभी सिर मेरे टिकाती थी।
मैं बचा कर के ख़र्च करता था, दोनों हाथों से वो उड़ाती थी।।

तोड़ देती थी सब किये वादे, झूठी कसमें बहुत खिलाती थी।
कहा जब डेट पर ना आऊंगा, धमकियाँ दे मुझे बुलाती थी।।

मैं बहुत ख़ौफ़ज़दा था उससे, आके वो ख़्वाब में डराती थी।
हुआ दुश्वार निकलना घर से, ख़ून के अश्रु वो रुलाती थी।।

मदारी थी मैं जमूरा उसका, थाप दे-दे मुझे नचाती थी।
कहा मैंने के बख़्श दे अम्मा, जोर से डाँट कर भगाती थी।।

वो जलपरी.. मैं मगरमच्छ

वो है पुष्प तो मैं हूँ भौंरा, वो चंचल-सी मैं हूँ ठहरा।
वो श्रृंगार है मैं हूँ काजल, वो वृष्टि है मैं हूँ बादल।।
झील-सी वो है मैं हूँ नाला, वो चाबी है मैं हूँ ताला।
वो पहाड़ है मैं हूँ टीला, मैं हूँ देसी वो है टकीला।।
वो है फूल तो मैं हूँ भँवरा, वो अंग्रेजी मैं हूँ ठर्रा।
वो सहूलियत मैं हूँ खेद, वो संवाद है मैं आक्षेप।।
वो जलपरी . मैं मगरमच्छ।

वो बादाम है मैं हूँ छुहारा, वो सम्मानित मैं दुत्कारा।
वो अनुशासित मैं हूँ लेट, वो तीर है मैं आखेट।।
वो शालीन है मैं हूँ मलीन,वो उत्साहित मैं ग़मगीन।
वो गुलज़ार है मैं हूँ निर्जन, वो मुस्कान है मैं हूँ क्रंदन।।
वो है सिंहनी मैं हूँ श्वान, वो उदयित है मैं अवसान।
मैं मलिच्छ हूँ वो स्नान, वो है आचमन मैं विषपान।।
वो जलपरी . मैं मगरमच्छ।

मैं नक्षत्र हूँ वो ध्रुवतारा, वो है चाँदनी मैं अँधियारा।
मैं हूँ अमावास वो पूनम है, है वो मुहूरत मैं हूँ ग्रहण।।
वो उत्साहित मैं अवसाद, मैं शर्मीला वो बेबाक।
मैं कोलाहल वो संवाद,वो है बुलबुल हूँ मैं काग।।

वो है लुटेरी मैं हूँ चोर, वो सम्मानित मैं लतखोर।
मैं अधकच्चा वो परिपक्व, मैं आभासी वो प्रत्यक्ष।।
वो जलपरी मैं मगरमच्छ।

वो प्रसंग मैं उपसंहार, वो बहुमूल्य है मैं बेकार।
वो नाज़ुक-सी मैं हूँ तगड़ा, वो सात्विक है मैं हूँ बेवड़ा।।
वो छरहरी है मैं बेडौल, मैं कट्टा हूँ वो पिस्तौल।
वो है चाँदनी मैं चारकोल,वो इंटेलिजेंट मैं बकलोल।।
मैं अफ़वाह हूँ वो अखबार,वो वन्दनीय मैं फटकार।
मैं सीमित-सा वो विस्तार, वो सर्वसक्षम मैं असमर्थ।।
वो जलपरी .मैं मगरमच्छ।

मैं संकोची वो संवाद, मैं हूँ रुकावट वो निर्बाध।
मैं हूँ सशंकित वो प्रतिबद्ध, मैं दुविधा में वो आश्वस्त।।
मैं हूँ धुरी तो वो है अक्ष, वो विराट है मैं हूँ तुच्छ।
वो है प्रस्फुटित मैं विस्फोट, वो मरहम है हूँ मैं चोट।।
मैं बिखराव तो वो क्रमबद्ध, मैं अदना- सा वो समकक्ष।
वो सकुचीली मैं निर्लज्ज, मैं नौसिखिया वो सिद्धहस्त।।
वो जलपरी .मैं मगरमच्छ।

मैं अभ्यास हूँ वो है लक्ष, वो नेता है मैं प्रतिपक्ष।
मैं चुनाव हूँ वो परिणाम, वो घोषित है मैं रुझान।।
वो है महल मैं बियाबान, वो है गर्भगृह मैं शमशान।

मैं रहस्य हूँ वो ऐलान, मैं ढेला हूँ वो चट्टान।।
वो सपाट मैं ऊबड़-खाबड़, वो चौरस है मैं हूँ बीहड़।
मैं हूँ अचंभित वो अभ्यस्त, मैं अफीमची वो मदमस्त।।
वो जलपरी.. मैं मगरमच्छ।
वो जलपरी... मैं मगरमच्छ।।

घर फूँक तमाशा देखेंगे

सब तर्क-वितर्क कुतर्कों को, छल दंभ कपट से जीतेंगे।
तुम लाख छिपाओ इज्ज़त को, हम हर चौराहे लूटेंगे।।

तुम जुगत हज़ारों लगवालो, हम देकर झाँसा बचलेंगे।
हर आन ख़ुशी से नाचेंगे, घर फूँक तमाशा देखेंगे।।

तुम गिरते पल्लू को रोको, हम फटी जींस ही पहनेंगे।
तुम ढके रखो इज्ज़त अपनी, हम तेज़ नखों से नोचेंगे।।

तुम घूँघट में घूमो जितना, हम नंगे महफ़िल लूटेंगे।
हर आन ख़ुशी से नाचेंगे, घर फूँक तमाशा देखेंगे।।

भूखे निर्वासित लोगों के, हाथों से निवाला छीनेंगे।
बेबस बूढ़ी विधवाओं की, हम आधी पेंशन ले लेंगे।।

तुम लाख योजना चलवाओ, हम सुविधा अपनी देखेंगे।
हर आन ख़ुशी से नाचेंगे, घर फूँक तमाशा देखेंगे।।

तुम सड़क खड़ंजा बिछवा लो, हम बेलचा लेकर खोदेंगे।
तुम लाख सफाई करवा लो, हम बीच सड़क पर थूकेंगे।।

काली करतूतों से अपनी, सब काला-काला कर देंगे।
हर आन ख़ुशी से नाचेंगे, घर फूँक तमाशा देखेंगे।।

तुम काम करो चाहे जितना, हम अपनी डफली पीटेंगे।
तुम लाख फाइलें निपटा लो, हम कान बखूबी भर देंगे।।

तुम अश्क़ रुमालों से पोछो, हम नाक शर्ट से पोछेंगे।
हर आन ख़ुशी से नाचेंगे, घर फूँक तमाशा देखेंगे।।

सुनो ना....

सुनो ना,
घुलती सी क्यों जा रही हो मुझमें,
मीठे गिलौरी पान में गुलकंद की तरह।
ये जो हल्की-सी हरारत है तुम्हारी,
ताज़ी भूनी आलू शकरकंद की तरह।।

सुनो ना,
सिहर उठता हूँ जब तुम सामने आ जाती हो,
फरवरी की हल्की गुलाबी ठण्ड की तरह।
ये ख़ुमारी भी कैसी है तुम्हारी आँखों की,
स्कॉच व्हिस्की वोडका या रम की तरह।।

सुनो ना,
तुम इतना भी क्यों छा चुकी हो मुझ पर,
सर्दियों की सुबह में कोहरे और धुंध की तरह।
क्या चाहती क्या हो के मैं मर जाऊं ?
चराग़ से लिपट कीट -पतंगों की तरह।।

सुनो ना,
अंधा नहीं होना था मुझको प्यार व्यार के चक्कर में,
मजनूँ फ़रहाद रांझा रोमियो जूलियट की तरह।
जाओ ना तुम निकल जाओ मेरे भीतर से,
उबलते जल से वाष्प और धुंध की तरह।।

जबरन

जबरन ही मुझसे आँख, लड़ाने पे अड़ी है।
लड़की है वो जो उम्र में, कुछ साल बड़ी है।।

पकड़ा कभी गिलास ना, सिगरेट ना चिलम।
बीड़ी मगर जिगर से, जलाने पे अड़ी है।।

मैंने कहा कि खौफ़ है, पटाखों से बमो से।
बतला रही है ख़ुद को, कि वो फुल झड़ी है।।

सोचा के पियूँ ना सही, चखने पे साथ दूँ।
मैं थक गया वो और, खिलाने पे अड़ी है।।

समझा रहा था उसको, ना गलेगी हमसे दाल।
सींटी लगा के फिर से, चढ़ाने पे अड़ी है।।

कर के इशारे छत पे, बुलाती थी ख़ुद मुझे।
जब आ गया तो शोर, मचाने पे अड़ी है।।

करता रहा मैं इल्तिजा, के बख़्श दे मुझे।
वो हैं कि हाँथ पैर, तुड़ाने पे अड़ी है।।

सबको था दिख रहा, मेरा मासूम-सा चेहरा।
वो है कि मुझको मुँह, चिढ़ाने पे अड़ी हैं।।

हो कर मैं परेशान, बहुत फूट के रोया।
वो गुदगुदी लगा के, हँसाने पे अड़ी है।।

रहने दे !!

सुन्दर चाँद के टुकड़े जैसी ? रहने दे !!
सीधी-सादी भोली कमसन ? रहने दे !!

क्या कहती हो तेरा पहला प्यार हूँ मैं ?
छोड़ चुकी हो पचपन छप्पन ? रहने दे !!

तेरी ख़ातिर ताजमहल बनवाऊँ क्या ?
देख लिया कर कभी तो दर्पण? रहने दे !!

माना मेरा जिस्म है चन्दन के जैसा ;
लिपटेगी तू और नागन बन ? रहने दे !!

देखो मैंने नौ मन तेल जुगाड़ा है ;
तू नाचेगी और राधा बन ? रहने दे !!

हिज्र में भी तू पबजी खेला करती है,
उस पर आँसू ये घड़ियाली ? रहने दे !!

टूथपेस्ट में नमक नहीं है तो भी क्या ?
कोई तो होगा घर में मंजन ? रहने दे !!

बेबी-डॉल बताती ख़ुद को फिरती हो,
मैं भी माटी तू भी माटी, रहने दे !!

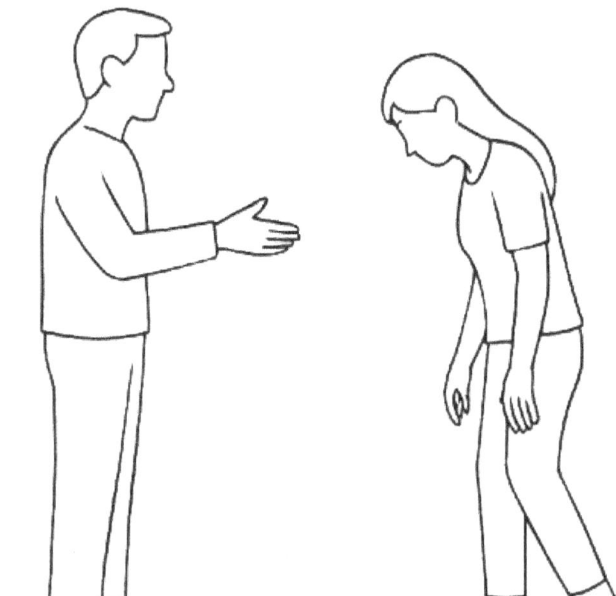

भाग 6

इश्क़ की बग़ावत और विद्रोह

इश्क़बाज़ डकैत

यूँ तो चित्रकूट भगवान् राम की नगरी रही है, पर यहाँ हम चित्रकूट की सन 2023 की चर्चा कर रहे हैं। एक ऐसे डकैत के बारे में जो बहुत कम उम्र में प्यार कर बैठी और फिर बनी कुख्यात दस्यु सरगना।

इसके काम करने का तरीका ऐसा था कि लोग इसे इश्क़ वाली डकैत कहते थे। अब कहते हैं इश्क़ जो ना करवाए -- तो एक बार एक लेडी डकैत को इश्क़ हो गया। आप तो जानते ही हैं की इतिहास गवाह है कि इश्क़ में नजाने कितने लोग घर परिवार से बागी हो गए; इश्क़ में क़त्ल हुए, गोलियां चलीं, कई घर बर्बाद हुए, रियासतें लूटीं गईं,अपहरण हुए, इनाम घोषित हुए गैंग बने। अब ये जो "इश्क़बाज़ डकैत" है ; जिस पर कविता लिखी गयी है वो काल्पनिक नही वास्तविक है जिसे सन 2023 में पुलिस ने पकड़ा है। वो अपने इश्क़ के जाल में लड़कों को फँसाती थी और जो फँस गये उनको अपनी गिरोह में शामिल कर लेती थी, और जो नहीं फँसे उनसे वो मुख़बिरी करवाती थी। तो पेश है उसी पर लिखी कविता – इश्क़बाज़ डकैत

वारदातें कई करवा चुकी है,
कुछ को मुठभेड़ में मरवा चुकी है।
सरगना है कई गिरोहों की,
बड़ा कोहराम भी मचवा चुकी है।।

कई अपराध में वो वांछित है,
सर पर इनाम भी रखवा चुकी है।

नामज़द है कई गुनाहों में,
पुलिस की दबिश भी पड़वा चुकी है।।

इश्क़ की खोज में भटकी है इतना,
बहुत सी कुंडिया खटका चुकी है।

डोरे भी डालती हर नौजवां पर,
मुझ पर तो रस्से वो फेंकवा चुकी है।।

आ गया दिल जो किसी पर उसका,
उसको तो घर से ही उठवा चुकी है।

अदाओं से रिझा रही सब को,
जाल में प्रेम के फँसवा चुकी है।।

फँस गया जो भी प्यार में उसके,
उसको वो गैंग में डलवा चुकी है।

बच गये जो नशीली आँखों से,
उससे भी मुख़बिरी करवा चुकी है।।

कूँट देती है जिसको जी चाहे,
सबको नाकों चने चबवा चुकी है।

है इश्क़बाज़ पर मिज़ाज गरम है उसका,
असल मुद्दे से वो भटका चुकी है।।

मुर्गे हर इक रोज़ चाहिए उसको,
टांग कर आग पे लटका चुकी है।

अपहरण कर फिरौती माँगती है,
कुछ को कोड़ों से भी पिटवा चुकी है।।

बात जिसने भी उसकी ना मानी,
उसके हाथ पैर तक तुड़वा चुकी है।

किसमें हिम्मत जो ले सके पंगा,
नजाने कितनों को टपका चुकी है।।

इश्क़ तो है पर बेहिसाब नहीं

इश्क़ तो है पर बेहिसाब नहीं,
मर्ज़ गंभीर है लाइलाज नहीं।
चाह थी मेरी भी होती लैला,
बस ख़्वाहिश-मंद हूँ मोहताज नहीं।।

हुस्न के उसके खूब चर्चे हों,
चाँदनी-सी हो माहताब नहीं।
तिश्नगी तेज़ हलक़ सूख जाए,
गिराती बिजलियाँ हो आब नहीं।।

सुनाता कैसे उसको हाल-ए-दिल,
बस तमन्नाएं थीं अल्फाज़ नहीं।
ख़्वाब में हूर भी आती थीं कई,
आयें वो भी तो ऐतराज़ नहीं।।

मचा रखा था उसने कोलाहल,
कौतुहल-सी थी पर सुराग़ नहीं।
और कितना सताएंगी मुझको,
बेमुरव्वत है बेनियाज़ नहीं।।
छिपा कर उनको मैं रखूँगा कहाँ,
दिल में मेरे कोई दराज़ नहीं।
दोस्त कहने लगे "लव यू" कह दूँ,
सुनो !! इतना भी मैं जाँबाज़ नहीं।।

इज़हार-ए-इश्क़

इज़हार-ए-इश्क़ आज पेश कर दिया गया है।
दिल के कमरे में गृह प्रवेश कर लिया गया है।।

सराय था दिल मुसाफ़िरों की आवा-जाही थी।
निजी आवास में उसको तब्दील कर दिया गया है।।

था परेशान मैं, कोई भी टिक के रह न सका।
इसलिए कुछ को बैक-अप में रख लिया गया है।।

रहोगे तुम जो यहाँ कोई और आ सकेगा कहाँ ?
इंतजाम फिर भी कम-ओ-बेश कर लिया गया है।।

दरिया-ए-इश्क़ पार जाने में यूँ हासिल क्या है।
डूब जाओगे तो जानोगे कि मज़ा क्या है।।

खेल कर इश्क़ की बाज़ी कहीं न ऊब जाएँ।
बंदोबस्त ताश-शतरंज का भी कर लिया गया है।।

NO.

छोड़ो तुम तो रहने दो !

इश्क़ मोहब्बत प्यार की बातें, छोड़ो तुम तो रहने दो।
झगड़ा-शगड़ा मान-मनौव्वल, छोड़ो तुम तो रहने दो।।

कहते थे तुम की आँखों से, इश्क़ के जाम लड़ाओगे।
पेरो गन्ना जूस बनाओ, नैन मटक्का रहने दो।।

क्या कहते थे चीर के पर्वत, दूध की नदी निकालोगे।
थैली दूध की लेकर आओ, नदियाँ-शदियाँ रहने दो।।

मजनूँ तब लैला की ख़ातिर, सहरा-सहरा भटके थे।
लाइव लोकेशन देख के जाओ, ख़ाक छाननी रहने दो।।

कहते थे तुम याद करूँ जब, भाग के मिलने आओगे।
ओला-उबर से मिलने आओ, भागम-भागी रहने दो।।

कहा था तुमने नई फिल्म का, पहला शो दिखलाओगे।
बैठो घर में रील चलाओ, पिक्चर-सिक्चर रहने दो।।

क्या सोचा था शादी कर के, हनीमून पर जाओगे।
पकड़ो झाड़ू बरतन मांजो, मटर-गश्तियाँ रहने दो।।

कहा था तुमने मेरी ख़ातिर, ताज महल बनवाओगे।
एक फ्लैट ही बुक करवा दो, हवा -हवाई रहने दो।।

गिरगिटों-सा

गिरगिटों की तरह से रंग मैं बदल ना सका।
वो चाहती रही मैं इश्क़ उससे कर ना सका।।
बिठा-बिठा वो मुझे हाल-ए-दिल सुनाती रही।
दिल की गहराइयों में उसकी मैं उतर ना सका।।

उसकी बातों में परिस्तान की बातें होती।
परी-वरी पे भरोसा भी मेरा बन ना सका।।
वो चाहती रही ता-उम्र उसीके साथ चलूँ।
क्या कहूँ साथ उसके दो कदम भी चल न सका।।

चाहती थी वो के हम दो से एक हो जाएँ।
फ़लसफ़ा मेरे ये पल्ले तो कभी पड़ न सका।।
तीन हो जायेंगे गर एक हो गए हम दो।
गणित का खेल यह मैं आजतक समझ न सका।।

मैं तो कब का ही बहुत दूर जा चुका होता।
मुनासिब रास्ता कोई भी मुझको मिल ना सका।।
मै खरा उसकी कसौटी पर भी उतर सकता था।
दिल पसीजा भी मगर ठीक से पिघल ना सका।।

पागल है वो

यूँ ही मैंने कह दिया, पागल है वो।
और फिर साबित हुआ, पागल है वो।।
इतना भी हैरान ना होवें जनाब।
उसने जिसको छू दिया, पागल है वो।।

सब थे उसके मशवरे पर चल रहे।
जब फँसे कहने लगे, पागल है वो।।
कह रहा था मैं कि दूरी है भली।
हैं कहाँ सब मानते, पागल है वो।।

तलवे जब तक चाटता था, ठीक था।
चाट पूरा जब गया, पागल है वो।।
ख़ुद को जब रेबीज़ होने लग गयी।
तब से कहने लग गये, पागल है वो।।

कुछ उसे जल्लाद तक बतला रहे।
जब लुटे कहने लगे पागल है वो।।
दस मुक़दमे बीसियों इल्ज़ाम हैं।
जुर्म साबित कब हुआ, पागल है वो।।

ख़ुद-ब-ख़ुद झाँसे में मुंसिफ़ आ गया।
कौन पागल कह रहा, पागल है वो।।
फिर अदालत को वो चकमा दे गया।
उठकर उसने ख़ुद कहा पागल है वो।।

भाग 7

इश्क़ से मोहभंग और तंज़

बताओ का करिहौ

हमका दिल में बसाय के बताओ का करिहौ।
नख़रा हमरा उठाय के बताओ का करिहौ।।

तुम्हई कहते रह्यौ के चाँद तोड़ लइ आउब।
तिलौ रखइ के जगह नाय कहो का करिहौ।।

बिना बत्ती के देखत हौ केत्ती परसानी है।
प्यार के दीप तुम जलाय कहो का करिहौ।।

एक मनई के भी बइठय के जगहा ना मिलिहैं।
हमरे ज़ुल्फ़न की घनी छाँव बइठ का करिहौ।।

समन्दर सात पार करिके तुम पीछे अउबो।
घाम में गोड़ गर जरि जाय कहो का करिहौ।।

उहाँ पहुंचइ के जतन का नहीं करेन मोहित।
मरै अपनें सरग देखाय कहो का करिहौ।।

दिल बहलाया नहीं जा सकता

महज़ बातों से दिल बहलाया नहीं जा सकता।
हरा हो ज़ख्म तो सहलाया नहीं जा सकता।।

किसी के हाथ में ग़र आपकी दुखती रग हो।
दर्द होने पे भी चिल्लाया नहीं जा सकता।।

चुभा हो ख़ार अगर गुल को गुल से मिलने में।
फूल को ख़ार से लड़वाया नहीं जा सकता।।

हो अगर दूसरा बेहतर तो फिर किसने कहा है।
कि पहले प्यार को भुलाया नहीं जा सकता।।

चुरा कर दिल वो मेरा चैन से सोती होगी।
उसको यूँ नींद से जगाया नहीं जा सकता।।

माल चोरी का किसी और को ना पकड़ा दे।
ऐरों गैरों को दिल थमाया नहीं जा सकता।।

है ये मुमकिन वो मुझे देख कर पिघल जाए।
सिर पर हर शख्स को बिठाया नहीं जा सकता।।

किसी डकैतनी से इश्क़ अगर हो गया हो।
तो किसी और को टहलाया नहीं जा सकता।।

खोदे पहाड़ थे चुहिया निकली

सोचते क्या थे और क्या निकली,
खोदे पहाड़ थे चुहिया निकली।
बनाता मैं क्यूँ भला ताजमहल,
मेरी मुमताज़ बेवफ़ा निकली।।

खूब पिज़्ज़ा खिलाया था उसको,
पीने खाने की शौकिया निकली।
हाल-ए-दिल जब सुना मेरा उसने,
बातको करके अनसुना निकली।।

हमने दिल-जान से चाहा था जिसे,
दोस्तों की वो दिलरुबा निकली।
उसके गुलशन में कई थे भौंरे,
रक़ीबों की वो महबूबा निकली।।

इश्क़ का भूत चढ़ गया हम पर,
रोमियो स्क्वैड की दरोगा निकली।
हमने सोचा था दिल हमें देगी,
थमा कर हाथ झुनझुना निकली।।

हमसे खर्चा भी उठाया न गया,
जेब-कतरों की सरगना निकली।
प्यार के पेंच क्या लड़ाते हम,
चार बच्चों की वो अम्मा निकली।।

तबाही का प्रचुर सामान थी वो

कौन कहता है के महान थी वो,
तबाही का प्रचुर सामान थी वो।
अदा उसकी थी बड़ी क़ातिलाना,
प्रस्फुटित प्रेम का परवान थी वो।।

बात यूँ सबसे वो करती नहीं थी,
ज़रा गुमसुम-सी कुछ हैरान थी वो।
बैठ दो-चार ग़र बातें कर लें,
सभी सरदर्द की सेरिडॉन थी वो।।

खूब बढ़ने लगी थी बेक़रारी,
उन्मुक्त अश्व पर लगाम थी वो।
खिंचा जाता था मैं प्रत्यंचा पर,
तीर भी ख़ुद थी ख़ुद कमान थी वो।।

उसकी आँखों में छुपी थी दुनिया,
सफर भी ख़ुद थी ख़ुद मक़ाम थी वो।
खुशबू साँसों में भरी थी उसके,
गुल थी, गुलशन, गुलिस्तान थी वो।।

कई मज़लूमों की जुबाँन थी वो,
अभाव में सुबूत के बयान थी वो।
उसको पाने को मर मिटे थे कई,
घायलों के लिए सेवलॉन थी वो।।

चुनावी इश्क़ का रुझान थी वो,
विकल्पों में प्रबल मतदान थी वो।
जवाँ होते दिलों की जान थी वो,
मायूस चेहरों की मुस्कान थी वो।।

द्वेष नफ़रत से भरी दुनियां में,
शुद्धतम इश्क़ का पैग़ाम थी वो।
कई लोगों का थी पुदीन-हरा,
अच्छे-अच्छों का झंडूबाम थी वो।।

मुझको चूना लगा लापता हो गयी

उड़ गई फुर्र से फ़ाख़्ता हो गई।
मुझको चूना लगा लापता हो गई।।

होनी होनी थी, पर हादसा हो गई,,
ब्याह करना बड़ी आपदा हो गई।
होनी होकर ही होती है माना मगर,
इश्क़ करना बड़ी मूर्खता हो गई।।

उड़ गई फुर्र से फ़ाख़्ता हो गई।
मुझको चूना लगा लापता हो गई।।

बिन बुलाये ही थी आ गले मेंरे पड़,
मिल गई थी नजाने वो किस मोड़ पर।
कह गई जाने क्या क़हक़हा हो गई,
जाने कब वो मेरी दिलरुबा हो गई।।

उड़ गई फुर्र से फ़ाख़्ता हो गई।
मुझको चूना लगा लापता हो गई।।

गाड़ियों में बिठा कर घुमाया उसे,
खूब पिज्जा-ओ-बर्गर खिलाया उसे।
चाट खाकर कहाँ गुमशुदा हो गयी,
सारे पैसे उड़ा कर कहाँ खो गयी।।

उड़ गई फुर्र से फ़ाख़्ता हो गई।
मुझको चूना लगा लापता हो गई।।

यूँ इशारों पे मुझको नचाती रही,
दूसरों से भी चक्कर चलाती रही।
दिल लगाना बड़ी मूढ़ता हो गई,
बावफ़ा थी वो अब बेवफ़ा हो गई।।

उड़ गई फुर्र से फ़ाख़्ता हो गई।
मुझको चूना लगा लापता हो गई।।

सैर दरिया की मुझको कराती रही,
कश्तियों में बिठाकर फिराती रही।
कर हवाले हवा के हवा हो गयी,
नाव में छेद करके दफ़ा हो गई।।

उड़ गई फुर्र से फ़ाख़्ता हो गई।
मुझको चूना लगा लापता हो गई।।

रात भर चाँदनी में घुमाती रही,
छत पे ले जा सितारे दिखाती रही।
मुझसे जाने क्या ऐसी ख़ता हो गई,
घर का सामान ले लापता हो गई।।

उड़ गई फुर्र से फ़ाख़्ता हो गई।
मुझको चूना लगा लापता हो गई।।

यही तो इश्क़ की खुजली है खुजाते रहिये

प्यार के पेंच हँसीनों से लड़ाते रहिये,
दिल की दूरी क़रीब जाके मिटाते रहिये।
चुभे हों पाँव में काँटे न जाने कितने भी,
मुस्कुरा कर के सभी दर्द भुलाते रहिये।।

ज़हर के घूँट पी करके भी मुस्कुराते रहिये।
यही तो इश्क़ की खुजली है खुजाते रहिये।।

रूठ जाने से कहें आप भला क्या होगा,
बात होगी ज़रा सी मस्सला बड़ा होगा।
बेतुकी बात में ना ख़ुद को फँसाते रहिये,
सारे इलज़ाम अपने सर ही मढ़ाते रहिये।।

ज़हर के घूँट पी करके भी मुस्कुराते रहिये।
यही तो इश्क़ की खुजली है खुजाते रहिये।।

जब कभी घूम के वो आये तो पानी दीजिये,
चाय कॉफ़ी नहीं तो जूस पेश कर दीजिये।
लंच पे और डिनर पे रोज़ ले जाते रहिये,
और क्या लेंगी मेरी जान पूछते रहिये।।

ज़हर के घूँट पी करके भी मुस्कुराते रहिये।
यही तो इश्क़ की खुजली है खुजाते रहिये।।

क्या हुआ क्रोध में वो आपको गाली दे दे,
आपको मूर्ख, गधा, आलसी भी बतला दे।
कर के इग्नोर सब अपशब्द भुलाते रहिये,
ख़ुद के हाथों ही अपनी पीठ थपथपाते रहिये।।

ज़हर के घूँट पी करके भी मुस्कुराते रहिये।
यही तो इश्क़ की खुजली है खुजाते रहिये।।

क्या हुआ आपको कभी वो जानवर कह दे,
जान है आपकी और आप ही हैं वर उसके।
ख़ुद से उसको सदैव श्रेष्ठ बताते रहिये,
बातों-बातों में उसे "जान" बुलाते रहिये।।

ज़हर के घूँट पी करके भी मुस्कुराते रहिये।
यही तो इश्क़ की खुजली है खुजाते रहिये।।

क्या हुआ आपको उसने जो कह दिया कुत्ता,
या कभी प्यार से वो बोल दे उल्लू का पठ्ठा।
उसके तलवों पे अपनी जीभ फिराते रहिये,
खड़े होकर अदृश्य दुम को हिलाते रहिये।।

ज़हर के घूँट पी करके भी मुस्कुराते रहिये।
यही तो इश्क़ की खुजली है खुजाते रहिये।।

ITCH OF LOVE

भाग 8

इश्क़ की विदाई
सबक और आज़ादी

धमकियों से मैं घबराता नहीं हूँ

धमकियों से मैं घबराता नहीं हूँ,
इश्क़बाज़ी के चक्कर में कभी आता नहीं हूँ।
लोग कहते हैं राह-ए-इश्क़ की सँकरी गली है,
खुले दिल का हूँ रस्ता तंग हो जाता नहीं हूँ।।

सुना है क़त्ल वो आँखों से किया करते है,
इसलिए ज़द में कभी आँख की आता नहीं हूँ।
क़त्ल तो क़त्ल है, होवे तलवार से या आँखों से,
मुजरिमों से कोई सम्बन्ध रख पाता नहीं हूँ।।

मुस्कुरा देती है, यूँ हीं कभी तो फूल झड़ा करते हैं,
इतनी मेहनत से खिले फूल गिरवा सकता नहीं हूँ।
पूछती है कि क्या तुम चाँद तोड़ कर ला सकोगे ?
संतुलन सृष्टि का यूँ मै डिगा सकता नहीं हूँ।।

सचेत रहता हूँ, बे-फ़िजूल बात में नही पड़ता,
दुबक कर मैं किसी कोने में छिप सकता नहीं हूँ।
दिल तो बच्चा है, ये डरता है तनहा सोने में,
वरना समझो किसी के बाप से डरता नहीं हूँ।।

आवारगी

गली से उनकी गुज़र रहा हूँ मैं,
रस्ता फिर से भटक रहा हूँ मैं।

भूगोल-इतिहास के पुराने पृष्ठों को,
फिर से इक बार पलट रहा हूँ मैं।।

फिर उन्हें छत पे खोजती है नज़र,
आशावादी-सा बन रहा हूँ मैं।

अपने बच्चों में वो मसरुफ़ है बहोत,
अपनी हसरत से लड़ रहा हूँ मैं।।

रक़ीबों ने फिरसे मुझे देखकर पहचान लिया,
बवाली-सा उनको दिख रहा हूँ मैं।

वो अगर फ्री ना सही, उनकी पडोसी ही सही,
अधूरे ख़्वाब नए फिर से बुन रहा हूँ मैं।।

इनकी आँखें तो यार उससे अधिक गहरी है,
आचमन स्नान को उसमें उतर रहा हूँ मैं।

नए रक़ीब हैं जो सब के सब ही कॉमन हैं,
फिर से कुटने से बच रहा हूँ मैं।।

मौन हो कर प्रताड़ित करो ना प्रिये

मन में इक कश्मकश है ऊहापोह है,
थी त्रुटि मेरी क्या ये कहाँ बोध है ?
क्या कहूँ? किससे पूछूँ ? हुई क्या ख़ता ?
सुब्ह से वो नजाने क्यूँ खामोश है ?
आत्म-चिंतन में डूबा चला जाता हूँ,
घटना सारी विवेचित किये जाता हूँ।

सब अनिश्चित-सुनिश्चित करो ना प्रिये,
मौन होकर प्रताड़ित करो ना प्रिये।।

भूलवश दिल तेरा हो दुखाया अगर ?
चूक क्या हो गई? ये नहीं है ख़बर।
मन को अपने सशंकित करो ना प्रिये,
चित्त को ऐसे कुंठित करो ना प्रिये।
मेरे अपराध चिन्हित करो ना प्रिये,
गलतियाँ मेरी इंगित करो ना प्रिये।।

दोष जिसका हो सर मेरे मढ़ दो प्रिये,
मौन होकर प्रताड़ित करो ना प्रिये।।

ख़ुद को अपराधी माने चला जा रहा,
आत्मग्लानि से विचलित हुए जा रहा।
दूर कर के निराश्रित करो ना प्रिये,
प्रेम मेरा तिरस्कृत करो ना प्रिये।।
सारे परयास निष्फल करो ना प्रिये,
मुझको इतना भी व्याकुल करो न प्रिये।

और लाचार बेबस करो ना प्रिये,
मौन होकर प्रताड़ित करो ना प्रिये।।

माना हूँ तुच्छ-निर्लज्ज-पापी-अधम,
थाम लो मुझपे होते ये जुल्म-ओ-सितम।
कब छटेगा बुरी कल्पनाओं का तम,
मौन के साथ कब होगा आक्रोश कम।।
ताड़ तुम तिल का निर्मित करो ना प्रिये,
मेरे भावों को विस्मृत करो ना प्रिये।

सारी बेचैनियाँ तुम हरो ना प्रिये,
मौन होकर प्रताड़ित करो ना प्रिये।।

चाय अच्छी-सी तुमको मैं पिलवाऊँगा,
जो कहोगी पकाकर के खिलवाऊँगा।
झाड़ू पोछे का टेंशन भी लो ना प्रिये,
जूठे बर्तन भी घिस-घिस के धो दूँ प्रिये।।

भेंट उपहार चाहो जो ले लो प्रिये,
कुछ हो बाक़ी अगर मुझको बोलो प्रिये।
क्रोध को और विस्तार दो ना प्रिये,
मौन होकर प्रताड़ित करो ना प्रिये।।

अनकही को कहाँ कब मैं पढ़ पाता हूँ,
पेंच दुविधा भंवर में ही फँस जाता हूँ।
कितना बुद्धू हूँ बेवक़ूफ़ हूँ मैं सनम,
हर किसी के ही झाँसे में फँस जाता हूँ।।
जाल में मुझको तुम अब ना घेरो प्रिये,
भंगिमाओं से भ्रमित करो ना प्रिये।

मूक-सन्देश तुम मुझको दो न प्रिये,
मौन होकर प्रताड़ित करो ना प्रिये।।

सिर्फ आँखों से भयभीत हो जाता हूँ,
घूर लेने के पहले ही मर जाता हूँ।
चक्षुएँ इस क़दर मत तरेरो प्रिये,
मन को मेरे यूँ विचलित करो ना प्रिये।।
मौन तज अपनी चुप्पी को तोड़ो प्रिये,
स्वस्थ संवाद कायम करो ना प्रिये।

मेरे जज़्बात से यूँ ना खेलो प्रिये,
मौन होकर प्रताड़ित करो ना प्रिये।।

प्रतिबद्ध नहीं हूँ, खलिहर हूँ

न प्रियतम हूँ ना प्रियवर हूँ, ना तो मैं किसी का दिलबर हूँ।
नहिं प्रेमी प्रिय माशूक़ सनम, ना किसी का मैं मंगेतर हूँ।।

स्वच्छंद रमणता प्राणी हूँ, दुर्भाग्य नहीं हूँ अवसर हूँ।
दुःसाध्य प्रेम की व्याधि का, रोगी बनने को आतुर हूँ।।

प्रतिबद्ध नहीं हूँ, खलिहर हूँ।

ना यादों में खो पाता हूँ, ना शिकवे ही कर पाता हूँ।
हैं गणित ज़रा कमज़ोर मेरी, ना तारे ही गिन पाता हूँ।।

प्रिय प्रणय प्रेम प्रस्तावों की, प्रत्याशा से रोमांचित हूँ।
भवजाल प्रेम के बंधन में, आबद्ध नहीं हूँ निर्झर हूँ।।

प्रतिबद्ध नहीं हूँ, खलिहर हूँ।

उर के उच्छृंखल भावों का, अनुनाद नहीं अनुगुंजन हूँ।
बंध जाऊं मैं किस घाट कहो, हूँ नाव नहीं बहता जल हूँ।।

उन्माद नाज़ नखरे अपार का, भार मैं क्या सह पाऊंगा ?
उपहार कहाँ से लाऊं मैं, मैं ख़ुद टुकड़ों पर निर्भर हूँ।।

प्रतिबद्ध नहीं हूँ, खलिहर हूँ।

कर में गुलाब ले फिरा बहुत, ना कोई ग्रहण करने वाला।
मैं प्रणय निवेदन करूँ किसे ? कोई भी नहीं सुनने वाला।।

मिष्ठान, भालू दूँ भेंट किसे ? आलिंगन किसका करूँ भला।
अधरों की क्षुधा बुझाने को, व्याकुल अधीर प्रेमातुर हूँ।।

प्रतिबद्ध नहीं हूँ, खलिहर हूँ।

मनमोहनी मनहर मृगनयनी, के दर्शन को अभिलाषित हूँ।
प्रस्फुटित प्रेम परिरंभन के, अनुमान से ही अनुरंजित हूँ।।

उपवन में बैठे युगल-जनों को, देख अत्यधिक चिंतित हूँ।
आरक्षक दल के डंडों से, भयभीत नहीं चिर-परिचित हूँ।।

प्रतिबद्ध नहीं हूँ, खलिहर हूँ।

अनुराग प्रेम अनुरक्ति से, अविगत अनजान अपरिचित हूँ।
हारी चौसर की बाज़ी में, मैं पाण्डव नहीं हूँ गिरिधर हूँ।।

कोई आँख उठाकर देखे यदि, दुर्दांत नहीं हूँ बर्बर हूँ।
इक नॉन कमीटेड छोरा हूँ, इंगेज नहीं हूँ सिंगल हूँ।।

प्रतिबद्ध नहीं हूँ, खलिहर हूँ।

सत्य को मैं फिर पराजित

सत्य को मैं फिर पराजित, आज करना चाहता हूँ।
सबके हित को ताख़ पर रख, राज करना चाहता हूँ।।

खो ना दूँ इस देह को, जिसके सुघर श्रृंगार ख़ातिर।
केश रंग उपटन लगा, चेहरा बदलना चाहता हूँ।।

अनगिनत-सी ख़्वाहिशें हैं, ढेर सारी है तमन्ना।
कुछ भी करके इन सभी को, पूर्ण करना चाहता हूँ।।

रात को दिन और दिन को, रात भी करना पड़े तो।
छल-कपट और दंभ से, सब कुछ बदलना चाहता हूँ।।

हर तरफ छाया कुहासा, हर तरफ छायी उदासी।
इन सभी को चीर कर मैं, पार करना चाहता हूँ।।

जो न हारा हो कभी, उसको ही मेरे पास लाओ।
दुश्मनों को रौंद कर मैं, मौन करना चाहता हूँ।।

तुम सवालों में घिरा, मुझसे जो उत्तर मांगते हो।
अक्षरों के बाण से, संधान करना चाहता हूँ।।

खो चुका हूँ रूह को बस, रह गयी स्कंध काया।
बच गये इस पिंड में मैं, रूह भरना चाहता हूँ।।

जो फक्कड़ है वही निडर है

संघर्ष है, होड़ है, प्रतिस्पर्धा है,
चुनौती है, घर्षण है, रगड़ है।
कर सकें जो भी देख लें करके,
किन्तु सफल तो सिर्फ मटर है।।

कोठरी है, कमरा है, हवेली है,
इमारत है, किला है, महल है।
कितना मजबूत बना लें इनको,
होना तो सबको ही खंडहर है।।

पौधे हैं, शाक हैं या झाड़ी है,
पत्ते है, दरख़्त है, लतर है।
कितना भी सींच दो इन्हें लेकिन,
झड़ना होगा अगर पतझड़ है।।

बरछी है, तीर है, कटारी है,
तलवार है, छूरी है ख़ंजर है।
तेज कितना भी करा लो इनको,
सबसे धारदार तो नज़र है।।

कुआँ है, ताल है, इंदारा है,
गढ्ढा है, गर्त है, असण है।
कितना गहरा ही कोई हो क्यूँ ना,
सबसे खतरनाक तो गटर है।।

सूरमा है, वीर है, बहादुर है,
जीवट है, निर्भीक है, बे-डर है।
डींग कितनी भी हांक ले कोई,
है जो फक्कड़ वही निडर है।।

बला है, शोख़ है, हसीना है,
क़ातिल है, कल्पना है, क़हर है।
बताता ख़ुद को था जो सख्त लड़का,
वो पिघला यूँ के ज्यों बटर है।।